Basilikum

Thuri Maag Theres Berweger

Basilikum

Viel mehr als ein Küchengewürz

HÄDECKE

Lizenzausgabe für Hädecke Verlag,
D-71256 Weil der Stadt.

Verantwortlich für das Lektorat
Léonie Haefeli-Schmid
Einführung
Theres Berweger, Gräslikon
Rezepte
Thuri Maag, Lömmenschwil
Gestaltung Cover
Dora Eichenberger-Hirter, Birrwil
Gestaltung Inhalt
Daniela Friedli, Wettingen
Fotos
Andreas Thumm, Freiburg i. Br;
Armin Zogbaum, Zürich (Seite 78)
Lithos
Repro Schicker AG, Baar
Druck und Bindung
Kösel, Altusried-Krugzell

ISBN 3-7750-0467-9

Abkürzungen

EL	=	gestrichener Esslöffel
TL	=	gestrichener Teelöffel
dl	=	Deziliter
ml	=	Milliliter
l	=	Liter
Msp	=	Messerspitze
g	=	Gramm
kg	=	Kilogramm

Mengenangaben

Wo nicht anders vermerkt, sind die Rezepte für 4 Personen berechnet.

Inhalt

Dank

Ich danke Elisabeth Frei, Weinlandstauden AG, Wildensbuch/ZH. Ihr großes Angebot an Basilikumpflanzen hat mich zu diesem Buch inspiriert. Sie ist mir mit ihrem großen Fachwissen zur Seite gestanden und hat das Manuskript kritisch geprüft.

Theres Berweger

Vorwort

Wussten Sie, dass das Basilikum nebst den wunderbaren Eigenschaften als Küchenkraut auch Schmerzen lindern, Krampfzustände lösen und den Blutzucker senken kann?

Tauchen Sie mit uns in die Welt des Königskrauts ein. Sie lernen über ein Dutzend Basilikumsorten in Wort und Bild kennen. Vielleicht hören Sie zum ersten Mal, dass das uns sehr vertraute Genoveser Basilikum nur eines von vielen Aromen ist. Es gibt auch Sorten mit intensivem Duft und Geschmack nach Zitrone, Zimt, Anis, Nelke und weiteren Aromen. Entsprechend vielseitig kann das Königskraut in der Küche eingesetzt werden, für pikante und süße Rezepte.

Das Basilikum ist ein sensibles Kraut, nicht nur bezüglich Standort im Garten, sondern auch was den Umgang in der Küche anbelangt. Auf Hitze reagieren die allermeisten Sorten mit einem Aromaverlust und einer unschönen Verfärbung. Und trotzdem: das Königskraut ist vielseitig verwendbar, in der Küche und in der Hausapotheke.

Das Basilikum wurde in Ägypten schon vor Jahrtausenden kultiviert und sowohl in der Küche wie auch als Heilmittel verwendet. Kranzfunde in den Pyramiden bestätigen dies. Auch Hippokrates erwähnt die Gewürzpflanze in seinen Schriften des antiken Griechenlands.

Camerarius erzählt

Als die Genueser vom Herzog von Mailand arg bedrängt wurden, sandten sie ihm den Rechtsgelehrten Francesco Marchio, der dem Herzog einen Strauß Basilienkraut überbrachte. Auf dessen Frage, was dies zu bedeuten habe, erklärte er, das Kraut habe sehr besondere Eigenschaften: «Bei leichter Berührung verströmt es einen lieblichen Duft, bei zu starkem Druck aber entspringen dem Kraut giftige Skorpione.» Im Mittelalter wurde die Pflanze irrtümlicherweise mit Skorpionen und Basilisken in Verbindung gebracht.

Basilikumfeinde unter den Kräuterweisen schrieben der Pflanze teuflische Kräfte zu: «Wan man dieses Kraut hat wollen säen und pflanzen, so hat man dazu müssen übel Flüche und böse Worte sprechen, damit es wachse». Außerdem, so meinte man, erzeuge Basilikum Hass unter Freunden; und wenn man es unter Steine lege, würden Skorpione hervorwachsen.

Basilikumfreunde in der Antike und im Mittelalter hingegen behaupteten das Gegenteil: Basilikum schütze vor Skorpionstichen. Wer es isst oder bei sich trägt, würde schön und begehrenswert. Und vor allem sei Basilikum das Beste gegen Depressionen: «Es benimpt die Traurigkeit die do kompt von der Melancholy.»

Das vornehme Kraut der Franzosen

Es soll Zeiten gegeben haben, in welchen die Basilikumernte ein geheiligtes Ritual war. Der Pflücker musste weiß gekleidet sein und seine rechte Hand in Wasser dreier verschiedener Quellen eintauchen und reinigen. Danach hatte er jeglichen Kontakt mit unreinen Menschen zu meiden. Dazu gehörte auch die eigene Frau während der Menstruation. Eisenwerkzeuge waren von minderer Qualität und hatten bei der Ernte nichts zu suchen. Nur eine goldene Sichel war gut genug.

Basilikum – der Weltenbummler

Botanik

Namen und Synonyme

Basilikumkraut, Basilienkraut, Basilie, Braunsilge, Königskraut, Königsbalsam, Suppenbasil, Deutscher Pfeffer, Josefskräutlein
Niederdeutsch: Brunsiljenkraut, Brunsik'n
Bayerisch-Österreichisch: Baselguem, Bäsilga, Borsekum, Parasigerl
Schweiz: auch Bäsliga
Lateinisch: Ocimum basilicum
Französisch: Basilic
Italienisch: Basilico
Englisch: Sweet Basil herb

Familie

Das Basilienkraut ist eine Pflanze mit königlichem Wohlgeruch. Die Ocimum-Arten sind eine Unterfamilie der Lippenblütler, der Labiaten (Lamiaceae). Für sie charakteristisch sind ätherische Öle, Bitterstoffe und Gerbstoffe. Die bekanntesten Vertreter sind Pfefferminze, Melisse, Salbei, Thymian, Majoran und Rosmarin. Das ganze Geschlecht der Doste gehört dazu. Es handelt sich in jedem Fall um eine duftende Familie, die aus heißen Gegenden stammt. Denn nur in der Sonne entwickeln sich das volle Aroma und die feinen Duftnuancen.

Herkunft

Die Gattung Ocimum ist in Asien, Afrika, Mittel- und Südamerika verbreitet. In Afrika entstand schon sehr früh eine große Vielfalt wild wachsender Basilikumsorten. Die Pflanze wurde aber vermutlich in Asien zuerst kultiviert. In Indien ist das Basilikum der Göttin Lakshmi, der Frau des Gottes Vishnu, der für die Erhaltung der Welt verantwortlich ist, geweiht. Es gilt deshalb als Venuspflanze und Liebeskraut. Als Bestandteil der ayurvedischen Medizin ist es unter dem Namen Tulsi bekannt.

Inhaltsstoffe

Der Mensch hatte sich schon während der Jäger- und Sammlerzeit, als er durch Felder und Steppen zog, gefragt: «Warum haben manche Pflanzen diese und jene Wirkung?» Schamanen, Medizinmänner und weise Frauen waren die ersten «Naturforscher». Sie versuchten die Kräfte der Natur zu ergründen. Da es zu jener Zeit keine Möglichkeit gab, die Wirkstoffe durch chemische Analysen zu bestimmen, waren die Heiler auf genaueste Beobachtungen angewiesen. Die «Forschungsmethoden» der Magier und Kräuterhexen können mit der modernen Forschung nicht verglichen werden. Die moderne Wissenschaft liefert konkrete Zahlen und Daten. Die überlieferte Wirkung ist aber auch heute noch für den Menschen wichtiger als die Aufzählung der Inhaltsstoffe.

Die Zusammensetzung der Inhaltsstoffe variiert je nach Klima, Genetik, Jahreszeit, Standort und Bodenbeschaffenheit. Entsprechend unterschiedlich kann auch der Geschmack sein. Folgende Stoffe sind enthalten:

0,1 bis 0,5 % (frisch) oder 0,2 bis 2,5 % (getrocknet) ätherisches Öl (Basilikumöl), mit Cineol, Linalool, Citral, Estragol, Eugenol, Methylcinnamat, zudem Monoterpene (Ocimen, Geraniol, Campher), Sequiterpene (Bisabolen, Caryophyllen), Phenylpropane (Zimtsäureester, Methyleugenol), Flavonoide, Gerbstoffe, Phytoöstrogene, Saponine, Glykoside. Die dunkelrote Blattfarbe mancher Sorten stammt aus dem Farbstoff Anthocyanin. Außerdem enthält das frische Kraut die Vitamine A, C und Niacin sowie die Mineralstoffe Kalium, Kalzium, Magnesium und Eisen.

Basilikum hat einen unverwechselbaren Geruch und einen würzigen, kühlenden, pfeffrigen Geschmack. Das Kraut ist in der französischen, italienischen und griechischen Küche unverzichtbar, so etwa für eine Insalata caprese (Tomaten, Mozzarella) oder den Pesto alla genovese.

Im Fernen Osten findet man das Basilikum vor allem in der vietnamesischen und thailändischen Küche. Die Thailänder unterscheiden vermutlich als einzige streng zwischen drei verschiedenen Basilikumsorten. Sie sollten in guten thailändischen Lebensmittelgeschäften erhältlich sein.
Ein wenig verwirrend mag sein, dass sie oft unter verschiedenen Namen verkauft werden. Die drei Sorten sind: Horapha, Krapao, Manglak.
Manglak ist ein thailändisches Zitronen-Basilikum. Es riecht nach Limette und wird meist roh gegessen oder als Garnitur verwendet. Mit dem frischen Zitronenaroma passt es auch ausgezeichnet zu Fisch. Krapao hat einen brennend scharfen Geschmack und erinnert an Piment; es wird auch heiliges Basilikum genannt.

Es gibt eine fast unübersehbare Anzahl von Basilikumsorten mit leicht abweichendem Geschmack. Viele davon sind Kreuzungen. Die Mittelmeertypen sind krautig und meistens einjährig und sehr wärmebedürftig.
In neuerer Zeit werden auch mehrjährige, ursprünglich aus Afrika und Asien stammende Arten angeboten. Diese Pflanzen riechen strenger als diejenigen aus dem Mittelmeerraum. Kreuzungen zwischen mehrjährigen Sorten und dem Mittelmeerbasilikum haben zu neuen Aromen und oft exotischem Aussehen geführt; sie sind je länger je beliebter.

Basilikumsorten

Ocimum basilicum «Genovese»

Genoveser Basilikum

Herkunft
Aus dem Mittelmeerraum, ist aus ursprünglichen Formen entstanden.

Pflanze
Einjährige krautige, buschige Pflanze, 45 bis 60 cm hoch. Große dunkelgrüne blasige spitzovale glänzende Blätter. Gilt als Klassiker und bekannteste Basilikumsorte.

Geschmack
Sehr aromatisch, würzig, leicht pfeffriger Geschmack, ein wenig süß und feurig. Das intensive Aroma vermag sogar mit Knoblauch zu konkurrieren, wie im Pesto alla genovese.

Verwendung
Rohkost, Salate, Gemüse mit Zucchini und Auberginen. Fleisch- und Fischgerichte, kalte und warme Suppen wie Tomaten-, Gurken- und Kartoffelsuppe, Antipasti, kalte und warme Saucen. Für Sirup, Bowlen, Sorbets.

Kombinationen
Pfeffer, Knoblauch, Pinienkerne, Baumnüsse/Walnüsse, Chilischote, Zwiebeln, Erdbeeren. Für Tees mit anderen Kräutern.

Ocimum basilicum «Sweet»

Süßes Basilikum

Pflanze
Einjährige krautige Pflanze, dem Genoveser Basilikum ähnlich, aber mit kleineren Blättern.

Geschmack
Süßlicher, feiner und runder als das Genoveser Basilikum.

Verwendung
Süßsaure Saucen, Reis-, Fleisch- und Gemüsegerichte, Suppen, Eis, Erdbeeren, Sirup, Sorbets.

Kombinationen
Pfeffer, verbindet Salziges mit Süßem.

Ocimum basilicum «Dark Opal»

Rotblättriges Basilikum

Herkunft

Ursprünglich Japan.

Pflanze

Einjährig, kann bis 60 cm hoch werden, wächst buschig verzweigt, sehr dekorative purpurrote Blätter. Empfindliche Pflanze. Braucht viel Wärme.

Geschmack

Unverwechselbar kräftiges, volles, seidig-weiches Aroma. Duft und Geschmack sind klassisch würzig, pfeffrig.

Verwendung

Reisgerichte (ohne Sushi), Tomaten, Salate, Essiggemüse und -früchte, Würzessig, Garnitur. Rahmeiscreme mit etwas Vanille, Fruchtdesserts und Kompott. Für Bowlen, Sirup, Eiscreme.

Kombinationen

Miso, Sojasauce, Essig, Vanille, Zitrone, Limette, Orange.

Ocimum basilicum «Purple Ruffles»

Rotes krauses Basilikum

Pflanze

Einjährig, 45 bis 60 cm hoch, krautig und buschig. Außergewöhnliche Kulturform, mit glänzenden purpurschwarzen, stark gezähnten Blättern.

Geschmack

Dem Dark Opal sehr ähnlich, aber salziger, schärfer und stark duftend.

Verwendung

Für Garnituren. Für Sommersalate ganze Blätter mit anderen Blattsalaten mischen.

Kombinationen

Essig, Knoblauch, Petersilie, Pfeffer, Zwiebel.

Ocimum basilicum «Ararat»

Lakritz-Basilikum

Herkunft
Vorderer Orient.

Pflanze
Einjährig, buschig, krautig. Die marmorierten Blätter sind sehr robust und überstehen auch kühlere Nächte. Die Pflanzen werden früh im Frühling angeboten und stillen den ersten Hunger nach frischem Basilikum.

Geschmack
Aromatisch, süßwürzig, lakritzartig.

Verwendung
Für Tomatengerichte und Sommergemüse (Gurke, Peperoni, Zucchino, Aubergine), Fruchtsalat, viele Süßspeisen und Getränke, Sirup, Sorbets, für Tee und Teemischungen. Als Heilpflanze bei Verdauungsstörungen und Nervosität. Der Presssaft heilt Insektenstiche.

Kombinationen
Genoveser Basilikum, Knoblauch, Kerbel, Pfeffer, Petersilie, Schnittlauch, Zwiebel.

Ocimum basilicum «Green Ruffles»

Grünes krauses Basilikum

Herkunft
Indonesien.

Pflanze
Einjährig, buschig, wird bis 50 cm hoch. Große gekrauste satt-grüne Blätter. In England sehr beliebt.

Geschmack
Ist dem Genoveser Basilikum geschmacklich sehr ähnlich und gleich zu verwenden.

Verwendung
Rohkost, Salate, Zucchini- und Auberginengemüse, Fleisch- und Fischgerichte, kalte und warme Suppen wie Tomaten-, Gurken-, Kartoffelsuppe, Antipasti, kalte und warme Saucen.

Kombinationen
Pfeffer, Knoblauch, Petersilie, Zwiebeln, Pinienkerne, Baumnüsse/Walnüsse, Chili, Zwiebel, Erdbeere. Als Tee in Kombination mit anderen Kräutern.

Ocimum basilicum var. minimum

Griechisches Basilikum

Herkunft
Die Pflanze wird von den Griechen zum Schutz vor Moskitos aufs Fensterbrett gestellt und gilt als heilig.

Pflanze
Mehrjährig, 30 bis 40 cm hoch, kugeliger Wuchs, kompakte Zwergpflanze. Feine, kleine Blätter. Ideal für Gefäße, Balkon und Küchenfenster, aber auch für Beetkanten.

Geschmack
Würziger Geschmack, leichte Note von Anis und Nelke.

Verwendung
Für knackige Salate, griechischer Schafkäse, Gemüsegerichte (Auberginen, Peperoni/Paprikaschote, Zucchini), Tomatengerichte. Griechisches Basilikum ist weit verbreitet und beliebt, weil die Blättchen ganz mit den Gerichten vermischt werden können und sich nicht so schnell verfärben (oxidieren). Blüten zum Würzen von Salaten, Pizzas und Tomatengerichten, Kräuterbutter, Grilladen, Garnitur oder auch für wärmende Teemischungen.

Kombinationen
Olive, Olivenöl, Olivenpaste, Pfeffer, Chili, Thymian, Rosmarin, Kümmel, Fenchel, Kreuzkümmel, Koriander.

Ocimum basilicum «Cinnamomeum»

Zimt-Basilikum

Herkunft
Mexiko.

Pflanze
Einjährig, 45 bis 75 cm hoch, krautiger Wuchs. Sieht dem Anis-Basilikum ähnlich.

Geschmack
Duftet nach Zimt oder Kassia.

Verwendung
Sehr dekorativ in Salaten, für Currysaucen, Pesto. Für Süßspeisen, Bowlen, Sirup, Eiscreme, Obstspeisen und süße Saucen.

Kombinationen
Zitrone, Vanille, Ingwer, Kaffernlimette, Kurkuma, Galgant, Zimt.

Ocimum species «Citriodorum»

Zitronen-Basilikum

Herkunft
Nordwestindien.

Pflanze
Einjährig, bis 40 cm hoch, buschig, empfindlich auf Wetterschwankungen, Kälte, Bodenbeschaffenheit. Schmale ovale Blätter.

Geschmack
Vereint Zitronenaroma mit feinem Melissenduft, gehört zu den süßwürzigen Sorten. Die Samen duften nach Zitrone.

Verwendung
Die kleinen Blätter und Blüten schmecken hervorragend in Fruchtsalat, Süß- und Quarkspeisen und geben Pesto, Tomaten- und Fischgerichten eine besondere Note. Passen auch zu Kalb- und Pouletfleisch. Kräuteressig. Mit Zitronen-Basilikum aromatisiertes Olivenöl kann für Weißbrot- und Pizzateig verwendet werden. Bekömmlicher Entspannungstee.

Kombinationen
Knoblauch, Pfeffer, Zitrone, Limette, Vanille, Kokosnuss.

Ocimum basilicum «Anisatum»

Anis-Basilikum

Herkunft
Persien (Iran). Wird heute in Indonesien und Thailand angebaut.

Pflanze
Einjährig, wird 45 cm hoch und wächst buschig. Blätter und Blüten können bis in den Herbst hinein geerntet werden.

Geschmack
Riecht sehr fein, voll und üppig nach Anis, mit einem Hauch von Exotik. Wärmend.

Verwendung
Obstsalat und Süßspeisen. Für asiatische Gerichte, Reisgerichte, zum Würzen von Auberginen-, Kürbis-, Peperoni-, Tomaten- und Zucchinigemüse, für Salate. Teepflanze.

Kombinationen
Anis, Galgant, Kurkuma, Ingwer, Safran, Fenchel, Kümmel, Dill.

Ocimum canum
Ocimum santum

Wildes Basilikum

Tulsi, Tulasi, Holy

Herkunft
Asien.

Pflanze
Verzweigt, aufrecht wachsend, bis 75 cm hoch. Sehr dekorative, fein behaarte, gezahnte Blätter.

Religion
Wird in Indien für Tempelräucherungen verwendet. Ist dem Gott Vishnu geweiht, der eine Girlande aus Basilikumblättern trägt. Canum/Tulsi wird auch um Tempel gepflanzt.

Geschmack
Pfeffrig, ähnlich einer Kreuzung aus Ingwer und Minze. Die ganze Pflanze verströmt einen frischen Waldgeruch.

Verwendung
Indische und thailändische Süß- und Obstspeisen. Ayurvedische Medizin. Milch- und Jogurtgetränke, Teemischungen (Schwarz-, Grün- und Rotbuschtee enthalten oft Canum/Tulsi-Basilikum.

Kombinationen
Anis, Curry, Piment, Zimt, Ingwer.

Ocimum basilicum «Horapha»

Siam Queen Thai-Basilikum

Herkunft
Thailand (heilige Pflanze).

Pflanze
Mehrjähriger verholzender Busch, bis 45 cm hoch. Ernte bis in den Herbst.

Geschmack
Riecht lieblich nach Anis und Lakritze. Ersatz: Estragon.

Verwendung
Reis- und Suppengerichte, scharfsaure Saucen, Curries. Horapha wird häufig über thailändische Speisen gestreut. Blüten und Triebspitzen können auch für Tee und Teemischungen verwendet werden. Zum Trocknen geeignet.

Kombinationen
Kaffernlimette, Kokosnuss-Süßspeisen, Gewürzmischungen.
Die Blüten können mit der Currymischung mitgeröstet werden.

Ocimum Hyb. «African Blue»

Afrikanisches Basilikum
mit rötlich-bläulichen Blättern

Herkunft
Afrika.

Pflanze
Mehrjähriger Strauch mit roten Stängeln und grünen Blättern. An einem sonnigen, warmen Standort wird die Pflanze bis 1 m hoch. Hält lästige Insekten fern. Die reiche Blütenpracht wird von den Bienen sehr geschätzt. Kann im Gewächshaus überwintert werden.

Geschmack
Erinnert an Zimt und Anis.

Verwendung
Blätter und auch Blüten für Tomatensaucen, Dips, fernöstliche Gerichte, Curries, Pasta, Salate, in Kombination mit Bulgur, Couscous, Quinua, Hirse, Amaranth und Gerste, für Eintöpfe und Suppen. Blüten für Desserts, Salate, kalte Suppen, Gewürzbutter. Die ganze Pflanze kann getrocknet werden.

Kombinationen
Curry, Piment, Lorbeer, Koriander, Kreuzkümmel, Chili. Als Tee in Kombination mit Rotbusch-, Schwarz- und Grüntee und Ingwer.

Ocimum Hyb. «African Green»

Afrikanisches Basilikum
mit grünen Blättern

Herkunft
Afrika.

Pflanze
Verholzender Strauch, bis 1 m hoch. Grüne Stängel und Blätter. Kann im Gewächshaus überwintert werden.

Geschmack
Erinnert an Zimt und Anis.

Verwendung wie «African Blue»
Zum Trocknen geeignet.

Ocimum gratissimum

Nelken-Basilikum

Herkunft

Wuchs ursprünglich als wildes Basilikum in den tropischen Gebieten Afrikas und Asiens.

Pflanze

Stark verzweigte mehrjährige Pflanze mit flaumigen buschigen Blättern. Der Strauch wird bis 2 m hoch und erreicht einen Umfang von mehr als 120 cm. Kann im Gewächshaus überwintert werden.

Geschmack

Pikant-würzig, mit ausgeprägtem Nelkengeschmack. Entwickelt sein Aroma während des Kochens. Diese Basilikumart ist eine geschmackliche Bereicherung fast jeder würzigen Speise.

Verwendung

Sorbets und Süßspeisen, Curries, Reis und Hülsenfrüchte. Kann auch getrocknet verwendet werden. Teepflanze.

Kombinationen

Piment, Curry, Zimt, Kümmel. Nimmt dem Koriander den herben Geschmack. Prädestiniert für die französische Küche, passt zu Rotwein. Für einen wärmenden, belebenden Tee trockene Blätter mit Vanille, Rotbusch, Verveine, Orangen- und Zitronenschalen, Schwarz- und Grüntee mischen.

Orthosiphon aristatus

Katzenbart, Javatee, Indischer Nieren- und Blasentee

Herkunft

Orthosiphon ist eine buschige Basilikumart, die in Ostindien, Südostasien und im tropischen Amerika angepflanzt wird.

Botanik

Die Stängel werden über 70 cm lang. Sie entwickeln keilförmige Blätter von 5 bis 6 cm Länge. Die Triebspitzen werden für Tee verwendet.

Anwendungsgebiet

Zur Durchspülung bei einer bakteriellen und entzündlichen Erkrankung der ableitenden Harnwege und bei Nierengrieß.

Gut zu wissen

Die Samen des Basilikums sind reich an Pflanzenschleimstoffen. Die Thailänder verwenden sie für bestimmte Speisen als Verdickungsmittel.

Basilikum selber ziehen

Säen

Das Basilikum lässt sich leicht aus Samen ziehen, an einem hellen Fensterplatz im Haus von März bis Oktober. Zum Keimen benötigen die Samen Licht und eine Temperatur von 15 bis 20 °C (Lichtkeimer).
Mit der Aufzucht im Haus wird ein deutlicher Wachstumsvorsprung erreicht. Dann können nach den Eisheiligen Mitte Mai bereits kräftige Setzlinge ins Freie gepflanzt werden. Der Abstand von einer Pflanze zur anderen beträgt 25 cm.
Direkt ins Freie kann – je nach Sorte – ab Mitte April und im Mai gesät werden. Die Samen sparsam verteilen und sanft andrücken, ohne sie mit Erde zu bedecken. Die Saaterde bis zur Keimung gleichmäßig feucht halten. Keimzeit: 14 bis 21 Tage. Auch bei sparsamer Aussaat stehen die Pflanzen meist viel zu nahe beisammen. Die überzähligen Sprösslinge ausziehen und entweder in der Küche verwenden oder an eine andere Stelle setzen.

Standort und Pflege

Basilikum liebt einen sonnigen, windgeschützten Platz und nährstoffreiche lockere Erde. Er gedeiht auch prima in einem Topf auf dem Balkon.

Im Garten ist ein Platz zwischen den Tomaten ideal. Die beiden Pflanzen fördern sich gegenseitig im gesunden Wachstum.

Ernten

Basilikum, wie auch andere Gewürz- und Heilkräuter, mit Vorteil am Morgen zwischen 10 und 11 Uhr ernten. Dann ist der Gehalt an ätherischen Ölen in den Blättern am größten. Für die Ernte werden am besten ganze Triebe knapp oberhalb eines Blattpaares abgeschnitten. Dann bilden sich aus den Blattachseln zwei neue Seitentriebe.
Auf diese Weise verzweigt sich das Basilikum und wächst schön buschig.

Da sich das Aroma der meisten Basilikumsorten beim Trocknen schnell verflüchtigt, werden die Blätter zum Konservieren in Öl oder Essig eingelegt (haltbar gemacht), gefriergetrocknet oder als Paste tiefgekühlt. Zum Trocknen jedoch bestens geeignet sind die Blütenstände. Gewürzpflanzen müssen an einem schattigen, luftigen Plätzchen getrocknet werden. Sie können auf einem unbedruckten Papier ausgebreitet oder zu Sträußchen gebunden und kopfüber aufgehängt werden. Die trockenen Blätter abstreifen und in einem gut verschließbaren Behälter, geschützt vor Feuchtigkeit und Licht, aufbewahren. Lagerzeit: rund 6 Monate.

Einkaufen

Von den zahlreichen Basilikumsorten gibt es in Supermärkten nur ein paar wenige, nicht selten nur den Genoveser Basilikum zu kaufen. Mehr Sorten erhalten Sie auf Gemüsemärkten oder beim Gemüsehändler, in asiatischen, mexikanischen oder lateinamerikanischen Lebensmittelgeschäften.

Aufbewahren

Frische Basilikumzweige bis zur Verwendung in ein Glas mit Wasser einstellen. Werden nur die Blätter, nicht aber die Triebspitzen geerntet, so bilden sich Wurzeln. Sie können einfach in einen Topf mit Erde gepflanzt und an einem hellen, warmen Ort weiterkultiviert werden.

Vorspeisen/Suppen

für 1 Person

1 reife Tomate
125 g (Abtropfgewicht) Büffelmozzarella
1–2 EL gutes Olivenöl oder Basilikum-Olivenöl
Fleur de sel
frisch gemahlener schwarzer Pfeffer
sehr reifer (alter) Balsamico
1 Zweiglein Zimt-Basilikum

Tomate und Mozzarella in Scheiben schneiden, würzen, abwechselnd anrichten, mit Pfeffer, Balsamico und Basilikum garnieren.

Büffelmozzarella

mit Zimt-Basilikum

« Dieses einfache Rezept schmeckt immer wieder toll, wenn man folgende Punkte beachtet: die Tomaten müssen Zimmertemperatur haben, nur in Flüssigkeit vakuumierten Büffelmozzarella kaufen, zum Würzen Fleur de sel, Maldon-Salz oder ein anderes hochwertiges Salz verwenden, das ist das A und das O. Basilikum immer schneiden oder zupfen, auf keinen Fall hacken! »

Basilikum-Tomaten-Vinaigrette

½ Zitrone, Saft
1 dl/100 ml Olivenöl extra nativ
1 große reife Tomate
ca. 10 g Basilikum, Sorte nach Belieben, grob geschnitten
Salz
frisch gemahlener schwarzer Pfeffer

1 Stielansatz der Tomate kreisförmig herausschneiden, Tomate schälen, vierteln und entkernen (Saft auffangen), Viertel klein würfeln.

2 Alle Zutaten inklusive Tomatensaft, aber ohne Tomatenwürfel, in einem Bechermixer kurz mixen, abschmecken, Tomatenwürfelchen beifügen.

3 Blätter und Blüten in einem tiefen Teller zu einem Sträußchen arrangieren, mit der Vinaigrette beträufeln.

Bunter Blattsalat

mit Kräutern und Blüten und Basilikum-Tomaten-Vinaigrette

« Dieser bunte Blattsalat kann je nach Saison und Marktangebot variiert werden. Wenn Sie einen eigenen Garten besitzen, können Sie bestimmt eine Vielzahl von Kräutern und Unkräutern (Sternmiere, Winterkresse) ernten. Auch essbare Blumen und Blüten, wie Kapuzinerblüten, Borretsch, Ringelblume, ungespritzte Rosenblütenblätter, Malve usw. passen in Salate. Basilikumblätter, je mehr Sorten desto besser, können wie Blattsalat verwendet werden. Das wird garantiert ein Geschmackserlebnis der besonderen Art! »

250 g Cherrytomaten
150 g Mozzarelline (Kugeln)
Fleur de sel
frisch gemahlener Pfeffer
½ dl/50 ml Olivenöl extra nativ
25 g Griechisches Basilikum
1 EL reifer (alter) Balsamico

Cherrytomaten halbieren, auf Schalen verteilen, Mozzarelline zufügen, mit Fleur de sel, Pfeffer, Olivenöl und gezupftem Basilikum würzen, mit Balsamico beträufeln.

Cherrytomaten

mit Mozzarellakugeln und griechischem Basilikum

« Schnell zubereitet, sieht attraktiv aus und ist im Hochsommer die ideale Vorspeise vor einem leichten Nachtessen. Wenn kein griechisches Basilikum verfügbar ist, können Sie Genoveser Basilikum mit ein wenig frischer Pfefferminze mischen. »

Falscher Roquefort

auf gekühltem Basilikum-Tomaten-Coulis

für eine Terrinenform von ½ l Inhalt
für 10 Personen als Vorspeise

450 g Sauerrahm/saure Sahne
1 EL Basilikumpesto, Seite 71
Salz
frisch gemahlener Pfeffer
7 Blatt Gelatine
½ dl/50 ml Wasser
2 EL Basilikumpesto, Seite 71
Basilikum-Tomaten-Coulis, Seite 66

1 Terrinenform mit Klarsichtfolie auskleiden.

2 Gelatine in kaltem Wasser einweichen.

3 Sauerrahm und Basilikumpesto (1 EL) in eine Schüssel geben und mit dem Schneebesen verrühren, mit Salz und Pfeffer würzen.

4 Wasser erwärmen, ausgedrückte Gelatineblätter darin schmelzen, 1 EL unter den Basilikumpesto rühren. Restliche Gelatine unter den Sauerrahm rühren.

5 Etwa ein Drittel der Sauerrahmmasse in die Form füllen, die Hälfte des Basilikumpesto darüber verteilen, mit der restlichen Sauerrahmmasse überziehen, restlichen Pesto darüber verteilen. Im Kühlschrank mindestens 2 Stunden fest werden lassen.

6 Basilikum-Tomaten-Coulis aufmixen.

7 Falschen Roquefort aus der Form stürzen und in Scheiben schneiden. Nach Belieben auf dem gekühlten Basilikum-Tomaten-Coulis anrichten oder dieses separat servieren.

Basilikumsorte Alle grünen Sorten sind ein Versuch wert.

« Ich liebe es, Leute kulinarisch zu überraschen und in Staunen zu versetzen. Kochen muss keine todernste Sache sein. Eine Prise Humor und Schalk sind – nebst Basilikum – die besten Gewürze. »

Grissini-Variationen

mit African-Green-Dip

Grissiniteig
350 g Weißmehl
42 g Hefe (1 Würfel)
2 dl/200 ml Wasser
75 g Olivenöl extra nativ
9 g Salz

zum Bestreuen
Fleur de sel
getrocknete Kräuter
geriebener Käse
Kümmelsamen
Mohnsamen
Sesamsamen

African-Green-Dip
100 g Sauerrahm/saure Sahne
5 g African Green
20 g Basilikumkonzentrat, Seite 70,
oder 10 g frischer African Green
ein wenig Limettensaft und
2 bis 3 Zesten
1 TL scharfer Senf oder
englischer Senf
Salz
1 Msp Cayennepfeffer oder
Chilipaste

1 Für den Teig alle Zutaten in die Rührschüssel der Küchenmaschine geben, 5 Minuten auf kleiner Stufe kneten. Den Teig von Hand mindestens 10 Minuten kneten. Die Teigschüssel mit einem Tuch bedecken oder mit einer Klarsichtfolie verschließen, Teig 30 Minuten gehen lassen.

2 Den Teig in Portionen von 18 bis 20 g teilen, mit dem Handballen flach drücken, Rondellen auf eine gut bemehlte Tischplatte legen und etwa 90 Minuten zugedeckt gehen lassen. Je länger der Teig ruhen kann, desto besser ist er formbar.

3 Den Backofen auf 250 °C vorheizen.

4 Aus dem Teig lange, dünne Stangen drehen, beliebig formen, mit Fleur de sel, getrockneten Kräutern, Käse, Kümmel usw. bestreuen. Auf mit Backpapier belegte Bleche legen.

5 Grissini in der Mitte in den Ofen schieben, bei 250 °C 8 Minuten backen, zu Beginn mit viel Dampf (je nach Backofen ein Schüsselchen mit Wasser auf den Boden stellen).

6 Für den Dip abgezupfte Basilikumblätter in feine Streifen schneiden. Alle Zutaten mit dem Schneebesen verrühren, abschmecken mit Salz und Pfeffer.

Vorratshaltung Die Grissini sind zwar lange haltbar, aber ich bezweifle, dass sie jemals alt werden.

« Meine Tochter Chantal, damals 8 Jahre alt, hatte Hunger und wollte sich aus dem restlichen Baguetteteig ein Brot backen. Es sollte eine ganz besondere Form bekommen. Also keine Baguette, kein Zöpfchen, kein Brötchen. Und so suchte sie in meinen Pâtisserieschränken und -schubladen nach möglichen Formen. Die alten Cornetformen (für Vanillerollen bestimmt) faszinierten sie. Chantal formte aus dem Teig lange Rollen und wickelte sie um die Zylinderformen. Das Resultat war ein hartes, trockenes Brot. Mich inspirierte es dazu, es mit Grissiniteig zu versuchen. Die heute 14-jährige Tochter war beim Fotoshooting mit dabei und gab den Input zu neuen Formen und Figuren. »

für 8 Personen

150 g Butter
150 g weißer Lauch,
in feinen Ringen
Meersalz
wenig frisch gemahlener
weißer Pfeffer
150 g Zwiebeln, grob gehackt
500 g mehlig kochende Kartoffeln,
grob gewürfelt
1,3 l Gemüse- oder Hühnerbrühe
2 dl/200 ml Rahm/Sahne
50 g Basilikum (1 Bund)

1 Lauch und Zwiebeln mit Salz und Pfeffer würzen, in der Butter bei schwacher Hitze 5 Minuten dünsten. Kartoffeln und Gemüsebrühe zugeben, 20 bis 25 Minuten köcheln lassen.

2 Die Suppe pürieren, durch ein Spitzsieb streichen, abkühlen lassen, dann im Kühlschrank gut kühlen.

3 Suppe, Rahm und abgezupfte Basilikumblätter schaumig mixen, mit Salz und Pfeffer abschmecken. Anrichten.

Basilikumsorte Traditionellerweise nimmt man Genoveser Basilikum. Versuchen Sie es aber auch mit anderen Sorten.

Kalte Kartoffelsuppe

mit Basilikum

« Diese feine, exklusive Suppe entspricht in der Zusammensetzung der klassischen Vichyssoise. Sie ist an heißen Tagen eine echte Erfrischung. Durch die vielen Basilikumsorten wird die Suppe verwandelbar. Am besten schmecken mir Genoveser Basilikum, Zitronen-Basilikum und Ararat. »

für 10 Personen

10 g Basilikum, Blättchen abgezupft
1 kg reife Tomaten, grob geschnitten
1 Gurke, geschält und entkernt, in feinen Streifen
je 1 gelbe und rote Peperoni/ Paprikaschote, geschält, entkernt, in feinen Streifen
1 mittelgroße Zwiebel, in feinen Streifen
1 Knoblauchzehe, Keimling entfernt, Zehe zerdrückt
6 EL Olivenöl extra nativ
4 EL Basilikumessig, Seite 66, oder Himbeer- oder Rosenessig
1 EL Zucker
½ EL mildes Paprikapulver
½ EL Meersalz
frisch gemahlener schwarzer Pfeffer
300 g Tomatenketchup
500 g Toastbrot ohne Rinde, grob gewürfelt
1 l Milch

Kräuter und Blüten für die Garnitur

1 Toastbrotwürfel in eine Schüssel geben, mit der Milch übergießen, Schüssel mit Klarsichtfolie verschließen und in den Kühlschrank stellen.

2 Alle Zutaten, ohne eingeweichtes Brot, in einer Schüssel von Hand gut durchkneten. Die Schüssel mit Klarsichtfolie verschließen, mindestens 6 Stunden (oder besser über Nacht) im Kühlschrank marinieren.

3 Eingeweichtes Brot mit der Milch und den übrigen Zutaten mischen, fein pürieren. Die Masse unbedingt durch ein feines Spitzsieb passieren. Das braucht etwas Zeit, der Aufwand lohnt sich aber. Gazpacho nach Belieben mit Salz und Pfeffer abschmecken. Wenn Sie es gerne etwas rassiger mögen, würzen Sie mit Cayennepfeffer, Chilipaste oder Chilipulver.

4 Gazpacho in PET-Flaschen füllen, im Kühlschrank gut kühlen lassen. Gut gekühlte Gazpacho in Eislutscherformen oder eventuell in hohe Schnapsgläser füllen und tiefkühlen. Oder die Suppe in der Eismaschine gefrieren lassen und danach in die Formen füllen. Das ist zwar etwas mehr Aufwand, aber das Eis wird cremiger und bildet keine Eiskristalle. Eislutscher kurz mit heißem Wasser überbrausen und aus der Form nehmen. In einer Glasschüssel mit Crasheis (eventuell mit Basilikum) anrichten.

Für Experimentierfreudige Zucchini-Spaghetti, Seite 42, mit einer kleinen Kugel Gazpachoeis belegen, mit gebratenen Riesenkrevetten servieren.

Gazpachoeis

– so wie es Thuri ma(a)g

»Lassen Sie sich von der großen Menge nicht abschrecken! Dieser Gazpacho ist im Kühlschrank eine Woche haltbar und vielseitig verwendbar. Sie können ihn auch für Espuma, Seite 74, verwenden. Wichtig ist, dass der Gazpacho durch ein feines Spitzsieb passiert wird. Für eine gute Verträglichkeit Peperoni/Paprikaschoten unbedingt mit dem Sparschäler schälen (das verhindert ein lästiges Aufstoßen). Seitdem ich auch die Gurke schäle und entkerne, kann ich die Suppe ohne Reue genießen.«

Mahlzeiten

für 2 Personen als Mahlzeit

Olivenöl zum Braten
200 g Zucchini,
grüne und gelbe gemischt
Salz
Zitronenpfeffer
1 Tomate, geschält, entkernt
1 EL Schalotten, Seite 67
50 g Basilikum (1 Bund)

200–240 g Seeforellenfilets ohne Gräten, oder Lachsforelle, Lachs oder Thunfisch

Olivenöl extra nativ zum Beträufeln
Fleur de sel

1 Zucchini beidseitig kappen, in etwa 3 mm dicke, gleichmäßige Längsscheiben schneiden (evtl. mit der Aufschnittmaschine). Scheiben mit einem großen Gemüsemesser längs in etwa 3 mm dicke «Spaghetti» schneiden. Mit einem Gemüsehobel mit entsprechendem Einsatz geht es noch schneller – aufgepasst auf die Finger!

2 Basilikumblätter von den Stielen zupfen und in Streifchen schneiden.

3 Zucchini-Spaghetti mit Salz und Pfeffer würzen, im rauchend heißen Wok oder in einer guten alten Gusseisenpfanne unter Zugabe von genügend Olivenöl etwa 30 Sekunden schwenken, Schalotten, Tomatenwürfelchen und Basilikum unterrühren. Ein Sieb in eine passende Schüssel stellen, die Zucchini-Spaghetti hineingeben, zudecken, das überschüssige Öl abtropfen lassen.

4 Seeforellen im Wok/in der Gusseisenpfanne nur auf einer Seite kurz braten.

5 Zucchini-Spaghetti in vorgewärmten Tellern anrichten, Seeforelle darauf legen, mit Fleur de sel und Olivenöl abschmecken. Sofort servieren.

Fisch Rotfleischige, lachsartige Fische und frischer Thunfisch werden bei zu langem Braten sehr trocken. Deshalb nur auf einer Seite braten – die obere Seite sollte noch roh, aber warm sein. Wenn Sie die dünnen Seeforellen auf die heißen Spaghetti legen, genügt die Wärme, um den Fisch perfekt fertig zu garen.

Zucchini-Spaghetti

mit gebratener Seeforelle

Zucchiniquiche

mit Nelken-Basilikum und scharfer spanischer Wurst

für 2 Personen als Mahlzeit
für 4 Personen als Vorspeise

für 8 Tartelettes
von 10 cm Durchmesser

250 g Blätterteig

400 g Zucchini
60 g Chorizo, in feinen Scheiben

Guss
150 g Ei oder Eigelb
1 dl/100 ml Tomatensaft, nach Möglichkeit frisch, Seite 75
10 g Nelken-Basilikum
20 g Chorizo, klein gewürfelt

Nelken-Basilikum zum Bestreuen

1 Blätterteig dünn ausrollen, Rondellen in der Größe der Förmchen ausstechen. Teigrondellen in die mit kaltem Wasser ausgespülten Förmchen legen, mit einer Gabel einige Male einstechen.

2 Backofen auf 240 °C vorheizen.

3 Ei oder Eigelbe, Tomatensaft und abgezupfte Basilikumblätter im Mixer kurz mixen, mit Salz und Pfeffer abschmecken, Wurstwürfelchen beifügen.

4 Die Hälfte der Zucchini in etwas größere Würfel schneiden, den Rest in etwa 3 mm dicke Scheiben.

5 Zucchiniwürfel auf den Teigboden verteilen, Guss darüber geben, mit den Zucchini- und Wurstscheiben belegen, ein wenig fein geschnittenes Nelken-Basilikum darüber streuen.

6 Tartelettes im vorgeheizten Ofen bei 240 °C, am besten bei Umluft, 12 bis 14 Minuten backen.

Tipp Mit einem bunten Blattsalat mit Kräutern und Blüten, Seite 28, servieren.

Variante Quiche in einer Backform von 24 cm Durchmesser backen.

Zanderfilet

auf Zitronen-Basilikum-Reis

für 2 Personen als Mahlzeit

Zitronen-Basilikum-Reis

150–170 g Parboiled Langkornreis
wenig fein abgeriebene Orangenschale
2 EL Orangen-Olivenöl
10 g Zitronen-Basilikum

Fisch

300 g Zanderfilet, ohne Haut und Gräten
Meersalz
1 EL Schalotten, Seite 67
4 EL Orangen-Olivenöl
½ Orange, Saft
einige dünn abgeschälte Orangenzesten, in Streifchen
Zitronenpfeffer

Zitronen-Basilikum für die Garnitur

1 Backofen auf 180 °C vorheizen.

2 Reis etwa 10 Minuten im Salzwasser kochen, in ein Sieb abgießen und wieder zurück in den Kochtopf geben, mit fein abgeriebener Orangenschale und Orangen-Olivenöl abschmecken. Warm stellen. Kurz vor dem Servieren die abgezupften Zitronen-Basilikumblätter in Streifchen schneiden, mit dem Reis vermengen.

3 Zanderfilets mit Salz würzen, in eine der Größe angepasste feuerfeste Form legen. Schalotten, 1 EL Orangen-Olivenöl, Orangensaft und Orangenschalen darüber verteilen. Im Steamer bei 85 °C oder im Backofen bei 180 °C 10 bis 12 Minuten garen. Fisch warm stellen.

4 Den Fischfond in eine Sauteuse gießen, bei starker Hitze auf etwa 1 dl/100 ml einkochen lassen. Den Fond in den Mixbecher geben, restliches Orangen-Olivenöl dazugeben, mit dem Stabmixer sämig aufschlagen.

5 Reis auf vorgewärmten Tellern viereckig anrichten, ähnlich einem Sockel, Fisch darauf legen, mit der Sauce umgießen, mit dem Basilikum garnieren.

Tortiglioni

mit Pilz-Tomaten-Basilikum-Sauce

für 2 Personen als Mahlzeit

200 g Tortiglioni, al dente gekocht
4 EL Pastasauce

Pastasauce für den Vorrat
10 g getrocknete Steinpilze
300 g getrocknete Tomaten
200 g Basilikum
100 g Basilikum, z. B. Griechisches oder Genoveser Basilikum
1 EL Tomatenkonzentrat
½ l Olivenöl extra nativ
1 TL Meersalz
1 kräftige Prise getrockneter Oregano
1 Msp Zitronenpfeffer

1 Steinpilze und Tomaten über Nacht getrennt in Wasser einweichen. Am nächsten Tag beides ausdrücken. Einweichwasser der Pilze anderweitig verwenden.

2 200 g Basilikum im kochenden Wasser blanchieren, abgießen, mit kaltem Wasser abschrecken.

3 Eingeweichte Pilze und Tomaten sowie blanchiertes und frisches Basilikum gut mischen, durch die mittelfeine Scheibe des Fleischwolfes geben oder alles mit einem Wiegemesser hacken.

4 Alle Zutaten in einen Kochtopf geben, Sauce bei schwacher Hitze etwa 20 Minuten köcheln lassen. Heiß in Einmachgläser mit Schraubverschluss füllen.

Lagerung Die Pastasauce ist im Kühlschrank etwa einen Monat haltbar.

Basilikum-Pfannkuchen

mit Kartoffelfüllung

für 2 Personen als Mahlzeit
für 4 Personen als Vorspeise

für 4 Pfannkuchen von
20 cm Durchmesser

Pfannkuchenteig

2 Eier
1 dl/100 ml Milch
1 Prise Salz
45 g Weißmehl
20 g flüssige Butter oder Haselnussöl
frisch gemahlener Pfeffer
10 g Rotblättriges Basilikum

Basilikum-Kartoffelpüree

400 g Kartoffelpüree/-stock
1 Bund frisch geschnittenes Basilikum oder
4 EL Basilikumkonzentrat, Seite 70,
oder 2 EL Basilikum-Olivenöl

einige Spritzer alter (gut gereifter) Balsamico
Basilikum für die Garnitur

1 Für den Teig Eier, Milch und Salz verquirlen, Mehl zufügen, alles zu einem glatten Teig rühren. Ganz am Schluss flüssige Butter oder Haselnussöl kräftig unterrühren (wenn der Teig Butter/Öl enthält, erübrigt sich ein Einölen der Bratpfanne), mit Pfeffer abschmecken.

2 Einen großen Teller warm stellen.

3 Eine beschichtete Brat- oder Crêpepfanne erhitzen, wenig Teig in die Pfanne geben und durch Bewegen gleichmäßig verteilen, fein geschnittenes Basilikum darüber streuen, beidseitig kurz backen. Auf dem vorgewärmten Teller stapeln, zugedeckt warm stellen.

4 Kartoffelpüree erwärmen, mit Basilikum verfeinern.

5 Kartoffelpüree auf die Pfannkuchen streichen, einrollen. Auf vorgewärmten Tellern anrichten. Mit Balsamico und Basilikum-Olivenöl zeichnen. Mit Basilikum garnieren.

« Crêpes und Pfannkuchen unterscheiden sich vor allem in Dicke und Größe und im Mehlanteil. Ein Pfannkuchen kann 20 bis 25 cm Durchmesser haben und 2 bis 3 mm dick sein, eine Crêpe ist kleiner und hauchdünn. »

Rinderfilet
mit Basilikumkruste

für zwei Personen als Mahlzeit
für 4 Personen
bei einem mehrgängigen Menü

2 EL Olivenöl
4 Rinderfiletmedaillons, je 70 g
Salz
frisch gemahlener schwarzer Pfeffer
Pilzstreuwürze, Seite 69

50 g weiche Butter
25 g fein geschnittenes Basilikum
25 g Mie de pain, Seite 56
Salz
frisch gemahlener schwarzer Pfeffer
1 Spritzer Zitronensaft

1 Backofen auf Grillstufe vorheizen.

2 Die weiche Butter mit dem Schneebesen luftig aufschlagen, Basilikum und Mie de pain unterrühren, mit Salz, Pfeffer und Zitronensaft würzen.

3 Rinderfiletmedaillons mit Salz, Pfeffer und Pilzstreuwürze würzen, im heißen Öl beidseitig kurz braten. Die Basilikumbutter darüber verteilen, in der Pfanne in den auf Grillstufe vorgeheizten Ofen schieben. Je nach Garstufe ca. 3 Minuten (saignant/blutig), ca. 5 Minuten (à point/medium) oder 8 Minuten (bien cuit/durchgebraten) braten.

Tipp Mit einem bunten Blattsalat, Seite 28, und in Butter geschwenkten Quarkspätzle, Seite 54, servieren.

Basilikumsorte Experimentieren ist erwünscht.

Quarkspätzle
200 g Weißmehl oder
Knöpfli-/Spätzlemehl
½ TL Meersalz
200 g Magerquark
2 Eier
2 EL Rahm/Sahne

1 EL Butter
40 g Schinken, in Streifen
40 g Speck, in Streifen

2 große Eigelbe
1 dl/100 ml Rahm/Sahne
50 g geriebener Sbrinz/Parmesan

2–3 Zweiglein Zimt-Basilikum

1 Für den Spätzleteig Mehl und Salz in einer Schüssel mischen, Quark, Eier und Rahm zufügen, zu einem geschmeidigen Teig rühren. Mindestens 30 Minuten ruhen lassen.

2 Eigelbe, Rahm und Sbrinz verrühren.

3 In einem großen Kochtopf reichlich Salzwasser erhitzen. Spätzleteig portionsweise durch ein Knöpfli-/Lochsieb ins kochende Salzwasser streichen. Wenn die Spätzle an die Oberfläche steigen, mit dem Schaumlöffel herausnehmen.

4 Schinken und Speck in der Butter andünsten. Die Spätzle nochmals ins kochende Salzwasser geben, abgießen, zusammen mit der Eigelbmischung zur Schinken-Speck-Mischung geben, vermengen, Pfanne von der Wärmequelle nehmen, mit einem Holzlöffel rühren, bis die Sauce bindet, Basilikum in Streifchen schneiden und unterrühren. Sofort servieren.

Vorratshaltung Quarkspätzle können tiefgekühlt werden. In diesem Fall eine größere Menge Teig (zum Beispiel die fünffache Menge), herstellen. Gekochte Spätzle laufend in einen Topf mit kaltem Wasser geben, in einem Sieb abtropfen lassen. So werden die Spätzle fest und verkleben nicht. Bei Verwendung gefroren ins kochende Wasser geben.

Quarkspätzle «Carbonara»

mit Zimt-Basilikum

« Wer einmal in den Genuss von Quarkspätzle gekommen ist, wird sich mit «normalen» Spätzle nicht mehr zufrieden geben. »

für 2 Personen als Mahlzeit
für 4 Personen bei
einem mehrgängigen Menü

Kalbfleischvögel
4 zarte Kalbfleischschnitzel,
je 50 g, vom Filet,
Rücken oder Schenkel/Keule
2 EL Pesto, Seite 71
2 EL Mie de pain
1 Eigelb
Bratbutter/Butterschmalz

Risotto
20 g Butter
60 g Zwiebeln, fein gehackt
1 Msp Safranpulver
150 g Risottoreis
1 dl/100 ml Weißwein
ca. ¾ l Gemüsebrühe
30 g Butter
25 g frisch geriebener Parmesan
Meersalz
frisch gemahlener Pfeffer
2–3 Zitronenzesten
1 Spritzer Grappa
1 Spritzer Rosenwasser, fakultativ
2 EL abgezupfte Blütenblätter von
Ringelblume, Rose,
Malve, Kapuzinerkresse, Borretsch

1 Für die Füllung Pesto, Mie de pain und Eigelb vermengen, kühl stellen.

2 Die Schnitzel in einen dicken Plastikbeutel legen und dünn klopfen. Je einen Esslöffel Füllung auf das eine Ende des Schnitzels geben, die Seitenkanten einklappen und das Ganze zu einer Rolle formen. Je zwei Kalbfleischvögel auf einen Holzspieß stecken. Kurz vor dem Servieren in der Bratbutter langsam braten.

3 Für den Risotto Zwiebeln mit Salz und Pfeffer würzen, in der Butter 2 bis 3 Minuten bei schwacher Hitze dünsten, Safran und Reis zugeben und 1 Minute mitdünsten, mit dem Weißwein ablöschen, unter ständigem Rühren mit einem Holzlöffel die heiße Gemüsebrühe mit einem Suppenschöpfer zugeben, und zwar immer dann, wenn die Flüssigkeit eingekocht ist. Die Garzeit beträgt rund 20 Minuten, bis der Reis «al dente» ist. Kochtopf von der Wärmequelle nehmen. Butter und Käse unter den Risotto rühren, mit Salz, Pfeffer, fein geschnittenen Zitronenzesten, Grappa, Rosenwasser und einem Teil der Blütenblätter abschmecken.

4 Risotto in vorgewärmten Suppentellern anrichten, Fleischvögel darauf legen. Mit den restlichen Blütenblättern garnieren.

Mie de pain steht für Semmelbrösel/-krumen oder weißes Paniermehl. Das im Handel erhältliche Produkt hat mit Mie de pain wenig gemeinsam, handelt es sich doch normalerweise um speziell behandelten Weizengrieß und nicht um getrocknetes, geriebenes Brot. Am ehesten wird man es noch bei einem guten Bäcker finden. Mie de pain wird für Füllungen und zum Panieren des Wiener Schnitzels verwendet. Zubereitung: Weißbrot in dicke Scheiben schneiden, Rinde/Krume entfernen, Brotscheiben einzeln in Klarsichtfolie einpacken und tiefkühlen. Gefrorenes Brot auf der Rohkostreibe reiben. Sofort verwenden oder für den Vorrat in einer gut schließenden Dose im Tiefkühler aufbewahren.

Kalbfleischvögel

mit Pestofüllung auf Blüten-Risotto

Basilikum-Gnocchi

an Tomatensauce

für 4 Personen als Mahlzeit
für 8 Personen als Vorspeise

Gnocchi

1½ dl/150 ml Wasser
50 g Butter
1 TL Salz
150 g Basilikum, fein geschnitten
oder
100 g Basilikumkonzentrat, Seite 70
150 g Weißmehl
2 große Eier
10 g Basilikum, fein geschnitten

Tomatensauce

200 g Tomatencoulis, Seite 66
50 g Butter

ca. 40 g Basilikum-Olivenöl
cc. 40 g Parmesan oder Sbrinz
Basilikum für die Garnitur

1 Für den Teig Wasser, Butter und Salz aufkochen, Basilikum unterrühren, Mehl im Sturz zugeben, rühren, bis sich ein Kloß gebildet hat, der sich vom Pfannenboden löst. Brandteig leicht auskühlen lassen. Eier verquirlen, nach und nach zum Teig geben und immer wieder glatt rühren. Fein geschnittenes Basilikum unterrühren.

2 Gnocchiteig auf der Arbeitsfläche portionsweise rollen, mit einem scharfen Messer portionieren.

3 In einem großen Kochtopf reichlich Salzwasser erhitzen. Gnocchi portionsweise ins kochende Wasser geben. Topf von der Wärmequelle nehmen, Gnocchi etwa 3 Minuten garziehen lassen, mit einer Lochkelle herausheben, in eine vorgewärmte Schüssel füllen, mit ein wenig Basilikumöl vermengen, warm stellen.

4 Tomatencoulis erhitzen, Butter mit dem Schneebesen unterrühren, in vorgewärmten tiefen Tellern anrichten, Gnocchi darauf setzen, mit dem zerbröckelten Parmesan bestreuen, mit Basilikum-Olivenöl beträufeln. Mit Basilikum garnieren.

Garnitur Frisches Basilikum ist nicht nur schön für das Auge, es verströmt auch einen verführerischen Duft und sorgt damit bei Familie, Gästen und Freunden für eine gute Stimmung.

Basilikumsorten Nebst dem Genoveser Basilikum eignen sich auch Zitronen-Basilikum, Griechisches Basilikum oder grünes krauses Basilikum.

für 2 Personen als Mahlzeit
für 4 Personen als Vorspeise

200–300 g Fahnenhörnli oder andere Teigwaren
4 EL Basilikumpesto, Seite 71
40 g grob zerbröckelter Parmesan oder Sbrinz

Basilikum für die Garnitur

Fahnenhörnli in einem großen Topf in reichlich Salzwasser al dente kochen, abgießen und gleich mit dem Pesto vermengen, in vorgewärmten tiefen Tellern anrichten. Grob zerbröckelten Parmesan darüber verteilen. Mit Basilikum garnieren.

Variante Pesto und Käse separat servieren.

Bunte Fahnenhörnli

mit Basilikumpesto

« Die Fahnenhörnli auf dem Bild sind hausgemacht, und zwar mit Füllungen aus einem Konzentrat von Totentrompeten und Basilikum. Ähnliche Pasta können Sie auch in einem guten Fachgeschäft kaufen. Die bunten Farben stimmen mich fröhlich. In Kombination mit selbstgemachtem Pesto ein ideales Sommergericht. »

für 2 Personen als Mahlzeit
für 4 Personen bei
einem mehrgängigen Menü

Pilzpiccata
120 g Austernpilze,
Stiel herausgedreht
1 großes Freilandei
50 g geriebener Parmesan
1 EL Mehl
Salz, frisch gemahlener Pfeffer
Bratbutter/ Butterschmalz

Risotto
20 g Butter
60 g Zwiebeln, fein gehackt
150 g Risottoreis
Meersalz
frisch gemahlener Pfeffer
1 Msp Safran
1 dl/100 ml Rotwein
ca. ½ l Gemüsebrühe
30 g Butter
25 g frisch geriebener Parmesan
20 g rotblättriges Basilikum,
fein geschnitten

1 Für den Risotto Zwiebeln mit Salz und Pfeffer würzen, in der Butter 2 bis 3 Minuten bei schwacher Hitze dünsten, Safran und Reis zugeben und 1 Minute mitdünsten, mit dem Rotwein ablöschen, unter Rühren mit einem Holzlöffel die heiße Gemüsebrühe mit einem Suppenschöpfer zugeben, d. h. immer wieder dann, wenn die Flüssigkeit eingekocht ist. Die Garzeit beträgt 20 Minuten, bis der Reis «al dente» ist. Kochtopf von der Wärmequelle nehmen. Butter, Rotwein und Käse unter den Risotto rühren, mit Salz und Pfeffer abschmecken.

2 Für die Piccata verquirltes Ei und Käse mischen, Mehl unterrühren, mit Salz und Pfeffer abschmecken. Masse auf der Lamellenseite der Pilze auftragen. Bratbutter in einer weiten Bratpfanne erhitzen, Pilze mit der Piccatamasse unten in die Pfanne geben, bei schwacher Hitze braten. Ganz am Schluss die Pilze wenden und fertig braten.

3 Risotto in vorgewärmten Tellern anrichten, Pilzpiccata darauf legen, mit Basilikum garnieren.

Roter Basilikumrisotto

mit Piccata von Austernpilzen

Grundrezepte – Gewürze

Basilikum-Tomatencoulis

½ dl/50 ml Basilikum-Olivenöl oder Olivenöl extra nativ
100 g Zwiebeln, fein geschnitten
25 g Basilikumzweiglein, Blätter von den Zweigen zupfen und fein schneiden
1 TL Basilikum-Meersalz oder Fleur de sel
1 Prise Zitronenpfeffer
1 EL Tomatenpüree
500 g große Fleischtomaten

1 Stielansatz der Tomaten herausschneiden. Gemüsefrüchte zerkleinern.

2 Zwiebeln und Basilikum würzen, im Öl bei schwacher Hitze unter häufigem Rühren 5 Minuten köcheln lassen, würzen. Tomatenpüree und Tomaten unterrühren, bei schwacher Hitze 25 Minuten köcheln lassen, pürieren und durch ein Spitzsieb streichen.

Haltbarkeit Das Tomatencoulis kann im Kühlschrank einige Tage aufbewahrt werden. Kalt und heiß verwendbar.

Roter Basilikumessig

250 g rotblättriges Basilikum oder rotes krauses Basilikum
½ l Weißweinessig
½ l Weiß- oder Roséwein

1 Basilikumzweiglein in ein Einmachglas von mehr als einem Liter Inhalt schichten, Essig und Wein darüber gießen. Das Glas verschließen und 2 Tage an die Sonne stellen.

2 Essig durch ein Sieb oder ein feines Tuch passieren, Blätter leicht auspressen. Basilikumessig in eine Flasche füllen.

Tipp Basilikumessig in eine schöne, glasklare Flasche füllen. Ergibt ein persönliches Geschenk für Leute, die schon alles haben.

« Rotes Basilikum im Überfluss! Daraus ist dieses einfache Rezept entstanden. Und weil ich diesen Essig so phantastisch finde, hat er in meiner Küche einen festen Platz. »

In Öl eingelegte Schalotten

200 g Schalotten oder
2 mittelgroße Zwiebeln
1½ dl/150 ml Erdnussöl

1 Schalotten/Zwiebeln schälen und fein hacken, mit dem Erdnussöl in eine kleine Pfanne geben, unter öfterem Rühren mit einem Holzlöffel bei schwacher Hitze 10 Minuten dünsten. Auskühlen lassen.

2 Schalotten/Zwiebeln mit Öl in ein Glas mit Schraubverschluss füllen. Im Kühlschrank lagern.

«Schalotten sind ein unentbehrlicher Geschmacksträger und -verbesserer – somit also Garant für gutes Gelingen eines Gerichtes. Damit man nicht für jedes Rezept Zwiebeln schälen und hacken muss und obendrein noch tränende Augen bekommt, bereite ich sie auf Vorrat zu. In Öl eingelegt in einem Glas mit Schraubverschluss können Schalotten im Kühlschrank 3 bis 4 Wochen gelagert werden. Da eingelegte Schalotten schon gar sind, muss man ihretwegen die Garzeit nicht verlängern. Am besten verwendet man Erdnussöl, es ist im Geschmack am neutralsten.»

Basilikumbutter

500 g kalte Butter
½ EL Senf
10 g Salz
2 EL Schalotten, Seite 67
1 EL Essig,
am besten Basilikum-Essig
2 EL Weißwein
frisch gemahlener Pfeffer
1 Prise mildes Currypulver
1 Prise Cayennepfeffer oder Chili
1 Spritzer Zitronensaft
200 g abgezupfte Basilikumblätter
1 EL Basilikumkonzentrat für
die Farbe, fakultativ, Seite 70

1 Die kalte Butter grob würfeln und im Cutter zu einer luftigen Masse schlagen. Schon nach kurzer Zeit die übrigen Zutaten, ohne das Basilikum, zufügen, weiterschlagen, bis die Butter schön luftig ist. Ganz am Schluss das Basilikum unterrühren und kurz weiterschlagen.

2 Auf die Arbeitsfläche Klarsichtfolie oder Pergamentpapier legen. Die Basilikumbutter darauf ausstreichen und einrollen. Im Kühlschrank fest werden lassen.

3 Die Butterrolle aus der Folie/dem Papier nehmen und portionieren, entweder in Scheiben oder in 5 bis 10 cm lange Stangen schneiden, tiefkühlen.

Cutter Weiche Butter kann auch in der Rührschüssel der Küchenmaschine luftig aufgeschlagen werden. Basilikum mit einem sehr scharfen, großen Messer möglichst klein schneiden.

« Auch das Basilikum kann so üppig sprießen, dass man sich manchmal über die Verwertung Gedanken machen muss. Ich säe es jeweils direkt ins Freie. Das dauert zwar etwas länger bis zur Ernte, aber im Spätsommer kann ich meist aus dem Vollen schöpfen. Viele meiner Rezepte sind aus der Not des Überflusses entstanden, so etwa die Basilikum-Bowle, der Basilikum-Essig, meine Pastasauce und die Basilikumbutter. »

Pilzstreuwürze

1 gehäufter EL Steinpilzpulver
1 EL feines Meersalz

Pilzpulver und Salz mischen, in einem Glas mit Schraubverschluss aufbewahren.

Verwendung Eignet sich zum Würzen von Fleisch, Geflügel und Wild. Zuchtpilzen verleiht die Streuwürze einen Hauch von Wildpilzaroma.

» Die Küche birgt größere und kleinere Geheimnisse. Die einen gibt man gerne preis, andere weniger gern. Da die Pilzstreuwürze in einer guten Küche unverzichtbar ist, verrate ich das Rezept gerne. «

Basilikumsirup

1½ kg Zucker
1 l Wasser
½ Zitrone
1 TL Zitronensäure
150 g rotes oder grünes Basilikum

Zucker, Wasser, Zitronenhälfte und Zitronensäure in einen Kochtopf geben und aufkochen, abgezupfte Basilikumblätter beifügen, nochmals aufkochen, Topf von der Wärmequelle nehmen, 10 Minuten ziehen lassen. Sirup durch ein Sieb oder ein Tuch passieren, in Flaschen abfüllen.

Aufbewahren Im Kühlschrank lagern.

Basilikumkonzentrat
(vom Pacojet)

700 g Basilikum
2 EL Schalotten, Seite 67
3 dl/300 ml Wasser

1 Basilikumblätter von den Stielen zupfen und wenige Sekunden in kochendem Salzwasser blanchieren, abgießen, im Eiswasser abschrecken, leicht auspressen und grob zerkleinern.

2 Blanchiertes Basilikum mit Schalotten und Wasser in den Pacojetbehälter füllen, vermengen, bei minus 20 °C während 24 Stunden gefrieren.

3 Basilikumkonzentrat nach Bedarf pacossieren oder ganzen Behälter durchlaufen lassen und das Pulver in kleine Vorratsdosen mit Deckel füllen.

«Dieses Rezept kann leider nur zubereitet werden, wenn man einen Pacojet besitzt. Daher sind bei den einzelnen Rezepten immer auch Alternativen anstelle des Basilikumkonzentrats angegeben. Die einzigartige Maschine ist zwar für Profiköche konzipiert, jedoch kenne ich immer mehr Hobbyköchinnen und -köche, die sich diese nicht ganz billige Maschine leisten. Das Gerät arbeitet unter Vakuum und bei tiefer Temperatur. Aus Blättern, Pilzen usw. entsteht feinstes aromatisches Pulver. Bei diesem Verfahren wird das in den Blättern enthaltene ätherische Öl optimal herausgelöst; das Pulver ist sehr aromatisch und hat eine intensive grüne Farbe. Der Pacojet ist auch eine gute Sache, wenn im Garten große Mengen an Kräutern anfallen. Leider kann man kein rotes Basilikumkonzentrat zubereiten, da rotes Basilikum sich beim Blanchieren grün verfärbt.»

Basilikumpesto

30 g Knoblauchzehen
25 Cashewkerne, grob gehackt
50 g Basilikum (1 Bund)
3 g Meersalz
100 g Parmesan oder Sbrinz, grob zerbröckelt
1½ dl/150 ml Olivenöl extra nativ
½ Limette, einige dünn abgeschälte Zesten und Saft

1 Knoblauchzehen schälen, halbieren, Keimling entfernen, Hälften grob hacken. Basilikumblätter von den Stielen zupfen.

2 Alle Zutaten im Cutter oder im Mixer nicht zu fein pürieren.

Basilikum Jede Basilikumsorte hat ihre Reize. Ein Pesto aus Zitronen-Basilikum ist mein persönlicher Favorit.

Vorratshaltung Fertigen Pesto in Gläser mit Schraubverschluss füllen; ist im Kühlschrank 2 Monate haltbar.

« Dieses Rezept wird möglicherweise Italiener und Italienfans schockieren. Nichtsdestotrotz: Ausprobieren lohnt sich. »

Getränke

Basilikum-Espuma
(salzig)

50 g Zitronen-Basilikum (1 Bund)
4 dl/400 ml Wasser
5 g Zucker
10 g Salz
1 Prise Zitronenpfeffer
3 Blatt Gelatine

1 Gelatine in kaltem Wasser einweichen.

2 Basilikumblätter von den Stielen zupfen, in ein hohes Gefäß oder in einen Maßbecher füllen, gewürztes Wasser aufkochen und dazugeben, mit dem Stabmixer pürieren, durch ein feines Sieb passieren, ausgedrückte Gelatine beifügen und unter ständigem Rühren auf Eiswasser auskühlen lassen. Je schneller das geht, desto grüner bleibt der Schaum.

3 Basilikumdrink in eine Siphonflasche (Rahmbläser) füllen. 2 CO_2-Patronen dazuladen. Achtung: Zuerst Gebrauchsanleitung des Herstellers lesen. Maximale Belastbarkeit (Flaschendruck) beachten.

4 Im Kühlschrank gut durchkühlen lassen, damit der Schaum fest wird.

« Der spanische Superkoch Ferran Adrià vom Restaurant El Bulli in Roses nordöstlich von Barcelona hat Espumas und Schaumgetränken aus der Siphonflasche (Rahmbläser) zu Bekanntheit und Ruhm verholfen. Auch ich verwende für Trüffel-, Apfel- und Meerrettichschaum seit längerer Zeit die Siphonflasche. Ein Novum ist der Verzicht auf Rahm/Sahne. An seine Stelle treten stärkehaltige Produkte wie Kartoffeln oder Gelatine, welche den Schaum stabil machen. »

Basilikum-Espuma
(süß)

50 g süßes Basilikum (1 Bund) oder Zitronen-Basilikum oder Genoveser Basilikum
4 dl/400 ml Wasser
60 g Zucker
3 Blatt Gelatine

Zubereitung siehe Basilikum-Espuma (salzig)

Tipp Süßes Basilikum-Espuma anstelle von Sahne/Rahm zu einem warmen Apfelkuchen servieren. Wenn Sie im Garten oder auf dem Balkon verschiedene Basilikumsorten ziehen, können Sie experimentieren.

Pikant gewürzter Tomatensaft

mit Basilikumschaum

2 dl/200 ml Tomatensaft, frisch oder aus dem Glas
20 ml Wodka, fakultativ
Meersalz
frisch gemahlener Pfeffer oder Cayennepfeffer oder Tabascosauce
ca. 1 EL Limetten-Olivenöl oder Olivenöl extra nativ

Basilikum-Espuma, linke Seite

1 Tomatensaft und Wodka verrühren, mit Salz und Pfeffer abschmecken.

2 Tomatensaft auf 4 Champagnergläser verteilen, Limetten-Olivenöl darüber träufeln, einige Minuten stehen lassen. Basilikum-Espuma darauf spritzen, mit einem Basilikumblatt garnieren, mit Strohhalm servieren.

Tipp Sonnengereifte Tomaten haben am meisten Aroma. Deshalb den Saft im Sommer am besten selbst herstellen: Stielansatz der Tomaten kreisförmig herausschneiden, Gemüsefrüchte zerkleinern und im Mixer pürieren, durch ein Sieb passieren.

«Ein Drink mit viel Pfiff. Zuerst kitzelt das fruchtige Tomaten-, dann das Basilikumaroma den Gaumen.»

Limetten-Cocktail

mit Basilikum und Rosenblütenschaum

Limettenkonzentrat

2½ dl/250 ml Limettensaft

1¼ /125 ml roter Basilikumsirup, Seite 70

Rosenblütenschaum

½ dl/50 ml Rahm/süße Sahne

1½ dl/150 ml Rosenblütensirup (gleiche Zubereitung wie Basilikumsirup, Seite 70, jedoch das Basilikum durch ungespritzte Rosenblütenblätter oder die nach Zitrone schmeckenden Blütenblätter der Kartoffelhundsrose/rosa canina ersetzen)

3 dl/300 ml Wasser

5 ml Rosenwasser

1 Prise Zitronensäure

fein geschnittenes Basilikum

1 Limettensaft und Basilikumsirup verrühren, in eine Flasche mit Schraubverschluss füllen. Kühl stellen.

2 Für den Rosenblütenschaum alle Zutaten mischen, in Siphonflasche/Rahmbläser von ½ l Liter Inhalt füllen.

3 In jedes Champagnerglas einen Eiswürfel geben, zu einem Drittel mit Limettenkonzentrat, dann mit halb Apfelsaft/halb kohlensäurehaltigem Mineralwasser füllen, mit Basilikum bestreuen, Rosenblütenschaum darauf spritzen.

« Bei diesem Rezept habe ich lange geübt und ausprobiert. Nach Einführung der 0,5- Promille-Grenze wollte ich einen alkoholfreien Aperitif kreieren. Etwas ganz Neues sollte es sein, was meine Gäste von mir auch erwarten ... und schätzen. Ein frisch gepresster Orangensaft mag erfrischend sein, ist aber nicht sehr kreativ. Zitrusfruchtsaft durfte aber nicht fehlen. Caipirinha war das Stichwort! Die Idee war geboren, der Rest war Arbeit. »

Rote Basilikumbowle

½ l Weißwein
75 g Zucker
1 unbehandelte Zitrone, in Scheiben
75 g rotes Basilikum

1 Weißwein in eine Schüssel geben, Zucker zufügen und unter Rühren auflösen. Zitronenscheiben über der Schüssel von Hand ausdrücken und zufügen. Basilikumblätter von den Stielen zupfen und unterrühren. Im Kühlschrank zugedeckt 2 bis 3 Tage ziehen lassen.

2 Schüsselinhalt durch ein feines Sieb oder ein Tuch passieren. In Flaschen mit Schraubverschluss füllen. Das Konzentrat ist im Kühlschrank während des ganzen Sommers haltbar.

3 Champagnergläser zu einem Drittel mit dem Basilikumkonzentrat füllen, mit Sekt oder Champagner auffüllen.

Varianten Rotes Basilikum durch Genoveser Basilikum ersetzen, auch eine tolle Variante! Zitronen-Basilikum wird mein nächster Versuch sein. Auch ungespritzte, duftende Rosenblüten- oder Wildrosenblütenblätter eignen sich für diese Bowle.

« Möchten Sie Familie, Freunde oder Bekannte mit einer Ma(a)gischen Bowle überraschen? Also nichts wie los – versuchen Sie dieses sommerliche Rezept. »

Desserts

für 8 bis 10 Portionen

Eiscreme
450 g saurer Halbrahm/
saure Sahne
4 dl/400 ml roter Basilikumsirup,
Seite 70
½ dl/50 ml Zitronensaft
2 g Pfeilwurzelmehl, fakultativ

für 4 Portionen

marinierte Orangen
4 feste Orangen
1 EL Orangen-Olivenöl
Zucker nach Belieben
einige dünn abgeschälte
Orangenzesten, in Streifchen
2 Zitronen-Basilikumblätter

4 Zitronen-Basilikumspitzen oder
rotes Basilikum für die Garnitur

1 Für die Eiscreme Sauerrahm, Sirup und Zitronensaft verrühren, im Kühlschrank gut durchkühlen. Bindemittel unterrühren. Basilikumcreme in die laufende Eismaschine gießen, fest werden lassen. Oder Creme in Vorratsdosen füllen und im Tiefkühler fest werden lassen. Mit der Gabel häufig rühren, so bekommt die Eiscreme eine feinere Struktur. Das Eis wird zartrosa, im Geschmack erinnert es an wilde Rosen.

2 Orangen großzügig schälen, auch die weiße Haut entfernen, Fruchtfilets aus den Trennhäuten schneiden (abtropfenden Saft anderweitig verwenden) und entkernen. Orangenfilets mit Orangen-Olivenöl, Zucker und Orangenschalen marinieren, bei Zimmertemperatur mindestens 30 Minuten stehen lassen. Die beiden Zitronen-Basilikumblätter in Streifen schneiden, mit den Orangenfilets vermengen.

3 Orangenfilets auf Dessertschalen verteilen. Die Basilikum-Eiscreme portionieren und darauf anrichten, mit Basilikumspitzen garnieren.

Rotes-Basilikum-Eiscreme

auf marinierten Orangen

»Einfach, schnell und geschmacklich einzigartig ist diese Basilikum-Eiscreme.«

Aus Basilikumsirup

3¾ dl/375 ml Sekt oder Champagner
1¾ dl/175 ml Basilikumsirup, Seite 70
5 cl Zitronensaft
2 g Pfeilwurzelmehl, fakultativ

1 Sekt, Sirup und Zitronensaft in einer Schüssel mit dem Schneebesen verquirlen, Bindemittel am Schluss unterrühren. Im Kühlschrank oder Tiefkühler vorkühlen.

2 Die Flüssigkeit in die laufende Eismaschine füllen und gefrieren lassen. Gefrierzeit 20 Minuten.

3 Sorbet in einen Spritzbeutel mit Sterntülle füllen und in Gläser spritzen.

Aus frischem Basilikum

150 g Zucker
1 g Pfeilwurzelmehl, fakultativ
4 dl/400 ml Wasser
1 Zitrone, Saft
50 g Genoveser Basilikum (1 Bund) oder süßes Basilikum oder Zimt- oder Anis-Basilikum oder rotes Basilikum

1 Zucker und Bindemittel in einer Schüssel mit dem Schneebesen verrühren, das Wasser erhitzen und unter kräftigem Rühren dazugeben, erkalten lassen.

2 Zitronensaft und abgezupfte Basilikumblätter unter das Zuckerwasser rühren, im Kühlschrank zugedeckt einen Tag marinieren. Passieren. Im Kühlschrank oder Tiefkühler vorkühlen.

3 Die Flüssigkeit in die laufende Eismaschine füllen und gefrieren lassen. Gefrierzeit etwa 20 Minuten.

4 Sorbet in einen Spritzbeutel mit Sterntülle füllen und in Gläser spritzen.

Basilikumsorbet

aus Basilikumsirup/aus frischem Basilikum

2 Eier
1 Msp Nelkenpulver, fakultativ
1½ dl/150 ml Prosecco
oder Weißwein
100 g Zucker
1 dl/100 ml Rahm/Sahne
25 g Nelken-Basilikum mit Stielen

1 Portionenförmchen im Tiefkühler vorkühlen.

2 Eier und Nelkenpulver in die Rührschüssel der Küchenmaschine geben und verquirlen.

3 Prosecco und Zucker aufkochen, von der Wärmequelle nehmen. Nelken-Basilikum zufügen, 5 Minuten ziehen lassen. Nochmals erhitzen. Basilikum entfernen.

4 Heißen Prosecco bei laufender Küchenmaschine zu den Eiern geben, weiterrühren, bis die Masse erkaltet ist. Rahm steif schlagen, unterziehen. In die vorgekühlten Förmchen füllen.

Variante Für dieses Rezept eignen sich auch Zimt-, Zitronen-, Anis-, Holy- oder Lakritz-Basilikum.

Tipp Mit gezuckerten Erdbeeren (nicht aus dem Kühlschrank!) servieren. Auch Himbeeren, Heidelbeeren oder süße Brombeeren passen gut dazu.

Geeiste Basilikum-Zabaione

« Der Überraschungseffekt in diesem Rezept ist der Nelkengeschmack. »

Das Basilikum enthält komplexe Stoffverbindungen, die von ernährungsphysiologischer Bedeutung sind. Die Vielzahl der bioaktiven Substanzen wirken antimikrobiell, entzündungshemmend, antioxidativ und krebshemmend, sie entgiften den Körper, sie haben einen positiven Einfluss auf das Immunsystem, den Blutdruck, den Blutzucker- und Cholesterinspiegel.

Terpene (Ocimen, Geraniol und Campher): Sie geben dem Kraut das typische, intensive Aroma. Sie aktivieren im Darm die Entgiftungsenzyme und wirken krebsvorbeugend. Je nach Zusammensetzung können sie beruhigen oder stimulieren.

Polyphenole: Dazu zählen Flavonoide, Anthozyane und Phenolsäuren, die als Gerbstoffe bekannt sind. Sie bieten Schutz vor Infektionen und bewahren die Körperzellen vor genetischen Schäden. Menschen, die viel Flavonoide zu sich nehmen, erleiden seltener einen Herzinfarkt. Reich an Flavonoiden sind nebst den Kräutern auch die Früchte und das Gemüse. Und weil sie vor allem in der Randschicht enthalten sind, sollten diese nach Möglichkeit ungeschält gegessen werden.

Phytoöstrogene: Sie können die Wirkung körpereigener Östrogene (weibliche Geschlechtshormone) verstärken oder schwächen, je nach vorhandener Östrogenmenge und besetzten Zell-Andockstellen. In der Menopause werden die Andockstellen mit Phytoöstrogenen besetzt. Sie wirken ähnlich, aber schwächer als Östrogene. Frauen, in deren Urin nur geringe Mengen pflanzlicher Hormone vorhanden sind, haben ein erhöhtes Brustkrebsrisiko. Phytoöstrogene werden auch in der Nachsorge bei Krebsleiden eingesetzt.

Saponine: Sie binden im Magen-Darm-Trakt das in der Nahrung enthaltene Cholesterin und verhindern so, dass es ins Blut gelangen kann. Saponine sind auch in der Lage, Zellteilungen im Darm zu verringern und beugen damit einem Dickdarmkrebs vor. Sie fördern die Bildung von Antikörpern und stärken so das Immunsystem. Antibiotische Wirkung.

Glykoside: Die bunten, duftenden, teilweise giftigen Pflanzeninhaltsstoffe sind mit Zucker verbunden. Sie entfalten ihre Wirkung oft erst, wenn sie im Körper zerfallen. Sie werden unter der Einwirkung von Hitze, Wasser und Enzymen gespalten. Deshalb sind glykosidhaltige Lebensmittel schonend zuzubereiten. Man setzt sie bei Verstopfung, Erkältungskrankheiten und fiebrigen Entzündungen, Gicht und Rheuma ein. Sie fördern die Heilung bei Nieren- und Harnleiterentzündungen.

Die Magie der Heilpflanze

- Basilikum ist ein Fröhlichmacher und Stimmungsaufheller.

- Basilikum erwärmt das Mark und das Gehirn.

- Ein kleines Basilikumblatt, unter die Zunge gelegt, fördert den Sprachfluss und die Kommunikation.

- Basilikum als Topfpflanze auf der Fensterbank vertreibt schlechte Energien.

- Basilikum bringt Wohlstand und fördert Harmonie, Liebe und Schutz.

- Basilikum fördert die Fruchtbarkeit von Mann und Frau.

- Basilikum reinigt und regt die Milz an.

- Bei Fieber Rotwein mit einigen Basilikumblättern aufkochen, mit Honig süßen. Vor dem Schlafengehen trinken.

- Reichtum darf man sich erhoffen, wenn man sich das Kraut im Mörser zerstampft und dann als Tee trinkt oder in einem Säckchen in der Tasche trägt.

- Auf der Brust und im Strumpf getragene Basilikumblätter erwecken Zuneigung beim spröden Partner.

- Im kaiserlichen Rom verwendete man Basilikum nicht nur als Heil- und Gewürzpflanze, sondern auch als Gartenzierpflanze. Die Blätter der Pflanze dienten als Aromatikum, Fiebermittel und Gewürz. Warmer Presssaft wurde bei Ohrenentzündungen in die Ohren geträufelt. Auch Schlangenbisse und Skorpionstiche wurden mit Basilikumsaft eingerieben. Das Kraut setzte man als harntreibendes, abführendes und erweichendes Mittel (Milz) ein.

Aus der Signaturenlehre (allgemein)

Das Basilikum hat aufgrund seines hohen Gehalts an ätherischem Öl einen starken Bezug zum Element Luft und damit zur Lunge. Die gesundheitsfördernde Wirkung auf das Atemsystem und den Blutkreislauf macht Basilikum zu einer wertvollen Heilpflanze. Zudem wird das Kraut der Jugend, dem Sanguiniker, dem Sommer und nebst der Venus auch dem Planeten Merkur zugeordnet. Das Basilikum fördert in hohem Maß die Kreativiät und das Verständnis für alles Schöne. Je südlicher die Pflanze wächst, desto mehr ätherisches Öl enthält sie. Dieses wiederum wird dem Element Feuer zugeordnet. «Feuer» und «Luft» unterstützen und beeinflussen einander positiv und setzen Energien frei. Das Element Luft kann mit Dampfkompressen und -inhalationen unterstützt und ausgeglichen werden.

Infektionen

Bei Erkältung wirkt Basilikumtee oder ein Basilikumbad schweißtreibend, schleimlösend und antiseptisch.

Verdauungsbeschwerden

Basilikumtee entfaltet eine ausgleichende Wirkung bei Magenbeschwerden, Blähungen und Appetitlosigkeit und regt die Verdauung an. Das Basilikum verhindert oder lindert Übelkeit und Erbrechen.

Stillende

Basilikum fördert die Milchbildung.

Erschöpfung

Ein Bad mit einem Basilikumaufguss hilft bei Melancholie, Ängsten und nervöser Erschöpfung; es wirkt aphrodisierend und anregend. Bestimmte Basilikumarten beruhigen und stärken die Nerven. Eine Mischung aus Rosmarin, Grüntee, Lapacho und Basilikum macht schwere Beine leichter und weckt die Lebensgeister.

Atembeschwerden

Bei einer Atemwegsinfektion (Erkältung, Husten, Brustfellentzündung, Bronchitis) kann Basilikumtee die Heilung unterstützen und beschleunigen.

Herz und Stress

Basilikum stärkt Herz und Kreislauf. Cholesterinspiegel und Blutdruck werden günstig beeinflusst.
Bei Prüfungen, Anspannung und Stress entspannt eine Tasse Basilikumtee.

Schnupfenmittel

Getrocknete, pulverisierte Blätter entfalten eine ähnliche Wirkung wie Niespulver. Es hilft beim Verlust des Geruchsinns nach chronischem Schnupfen.

Insektenstiche und Hautpflege

Frisch gepresster Saft lindert und heilt Insektenstiche und Hautflechten. Zweimal täglich auf die betroffenen Stellen auftragen. Zu diesem Zweck kann auch eine gute Salbe mit dem Saft angereichert werden. Menschen mit empfindlicher Haut reagieren möglicherweise mit einer Rötung, deshalb die Haut vorher immer an einer empfindlichen Stelle testen.

Ohrenschmerzen

Basilikumsaft bei einer Ohreninfektion tropfenweise in das Ohr träufeln. Wirkt schmerzlindernd und entzündungshemmend.

Mundgeruch und Mundentzündungen

Bei einem Mundgeschwür kann mehrmals täglich Presssaft oder Basilikumpulver auf die entzündete Stelle aufgetragen werden. Entzündungen heilen schneller mit einem Basilikumaufguss. Eine Hand voll Blätter mit 2 ½ dl/250 ml kochend heißem Wasser übergießen, 15 Minuten ziehen lassen, filtern; 3 bis 5 Spülungen täglich.

Vitalitätstonikum

Das Basilikumkraut wurde schon in Ägypten und in Indien für eine bessere Vitalität empfohlen. Eine Tasse Tee täglich, über längere Zeit getrunken, regt den Blutfluss an und verbessert die Versorgung des Körpers mit Nährstoffen. Das belebende Getränk glättet auch Emotionen.

Adaptogene Wirkung

Basilikum ist adaptogen, das heißt es hilft dem Organismus, sich neuen Herausforderungen zu stellen und Strapazen besser zu verkraften. Wenn der Körper dazu nicht in der Lage ist, verhärtet er sich und ist Zivilisationskrankheiten schutzlos ausgeliefert. Das königliche Kraut kann mit seiner herausragenden Wirkung in hohem Maß Gesundheit und Wohlbefinden fördern. Basilikum ist für unsere Generation ein Geschenk der Götter.

Ayurvedische Arznei (Basilikum Tulsi)

In der ayurvedischen Heilkunde wird die Pflanze hauptsächlich bei Infektionen und Fieber eingesetzt. Eine klassische indische Rezeptur enthält zu gleichen Teilen: Tulsi-Basilienkraut, Pfeffer, Knoblauch, Ingwer, 1 bis 2 Zitronen und Honig. Von dieser Paste isst man täglich 1 bis 2 Teelöffel.

Wer täglich ein frisches Tulsi-Basilikumblatt kaut, stärkt das Immunsystem.

Diabetiker profitieren von der den Blutzucker regulierenden Wirkung des Tulsi-Basilikums.

Ein Aufguss mit Basilikumsamen wirkt stark harntreibend.

Basilikumtee
gegen Halsschmerzen

für 4 Portionen

1 TL Fenchelsamen
½ TL Kreuzkümmelsamen
2 Kardamomkapseln
2 Gewürznelken
2 TL zerstoßene rote Pfefferkörner
1 l Wasser
2 TL getrocknete Tulsiblätter oder
1 EL frische Blätter
Honig nach Belieben

Gewürze ohne Basilikum in einer Pfanne trocken (ohne Fett) leicht rösten, Wasser und Tulsiblätter zugeben, aufkochen, 2 bis 3 Minuten köcheln, dann 5 Minuten ziehen lassen, abseihen. Heiß trinken.

Teemischung
konzentrationsfördernd

10 g getrocknete Basilikumblätter
(unterstützen die geistige Arbeit)
10 g Orangenblüten **(tonisieren)**
10 g getrocknetes Eisenkraut
(hilft die richtigen Worte zu finden)
10 g Baldrianwurzeln
(fördern Konzentration und Leistungsfähigkeit)
5 g Ginsengpulver
(macht belastbarer)

1–2 TL Teemischung mit kochendem Wasser übergießen, 10 Minuten ziehen lassen, abseihen, während 6 Wochen 2-mal täglich eine Tasse trinken.

Blähungstee (1 Tasse)

1–2 TL fein geschnittene Basilikumblätter

Basilikum mit kochend heißem Wasser übergießen, 10 Minuten ziehen lassen, abseihen. Während einer Woche 2- bis 3-mal täglich zwischen den Mahlzeiten trinken. Dann 2 Wochen aussetzen und die Kur wiederholen.

Schwangerschaftstee (bei Erbrechen)

30 g getrocknete Zitronenmelisse
10 g getrocknetes Dillkraut
10 g getrocknete Basilikumblätter
10 g getrocknete Pfefferminzblätter

1–2 TL Teemischung mit kochendem Wasser übergießen, 10 Minuten ziehen lassen, abseihen, während mindestens 3 Wochen 2- bis 3-mal täglich schluckweise trinken.

Süßes Antikrampfmittel

1 g Basilikumessenz
(konzentrierter Auszug, in Drogerie/Apotheke erhältlich)
1 g Majoranessenz
(konzentrierter Auszug, in Drogerie/Apotheke erhältlich)
50 g Puderzucker

Zutaten mischen. In ein Glas mit Schraubverschluss füllen. ½–1 TL in einer Tasse Lindenblüten- oder Verveinetee auflösen, nach den Mahlzeiten schluckweise trinken.

Entspannung

Entspannungsbad

8 Tropfen biologisches ätherisches Basilikumöl
8 Tropfen biologisches ätherisches Rosmarinöl
1–2 EL Milch oder Rahm/Sahne oder 1 EL Olivenöl

Alle Zutaten verquirlen, in das eingelaufene Bad gießen.

Entspannungsbad
aus frischen Kräutern

2 Hand voll blühende Basilikumspitzen und -blätter
2 große Rosmarinzweige
½ l Wasser

Kräuter mit kochendem Wasser übergiessen, etwa 15 Minuten ziehen lassen, abseihen, in das eingelaufene Bad gießen. Gegen Melancholie, Ängste und nervöse Erschöpfung.

Wohltuende Massage

8 Tropfen biologisches ätherisches Basilikumöl
6 Tropfen biologisches ätherisches Bergamott- oder Geraniumöl
4 Tropfen biologisches ätherischses Ysopöl
1 dl/100 ml biologisches Mandelöl

Alle Zutaten verquirlen, in eine Flasche mit Schraubverschluss füllen. Kühl aufbewahren. Das Öl ist 4 Monate haltbar.

Register